AF410947

ADVERTISSEME[NT]
A TOVS CHRESTIEN[S]
SVR LE GRAND ET
ESPOVVENTABLE ADVE-
nement de l'Antechrist, &
fin du monde, en l'an
mil six cens soixan-
te & six.

Par le Sieur de PERRIERES VARIN.

Vous entendrez le conseil du Seigneur, és derniers
iours. *Ieremie chap.* 23.

CINQVIESME EDITION.

A LYON,
Iouxte la Coppie imprimee à Roüen, par
IEAN PETIT.

M. DCIX.

AVEC PERMISSION.

A TRES-REVEREND, ET

tres-illuſtre Seigneur, Monſeigneur
le Cardinal de Ioyeuſe, Arche-
ueſque de Roüen, Primat
de Normandie, &
Pair de France.

ON en vain la diuine Sapience a
voulu instituër en son Eglise des
degrez de Superiorité, Dignité, &
Grandeur, & en iceux faire con-
templer l'abondance des graces,
benedictions, & celestes rosees, qu'elle respand
de iour en iour, vniuersellement sur la saincte
Cité : car tout ainsi que des plus petites sources
elle fait naistre les eaux qui forment les riuieres, de ces riuieres les grands fleuues, de ces
fleuues vne mer, & le tout pour l'exaltation de
son nom : Aussi faut-il, du Lac de science in-
cessamment grossi & enflé de la fecondité qui
continuellement fait bouillonner le sable des
ames les plus basses de cest vniuers, luy soit en
Ocean d'honneurs, de l'oüanges, & de gloire.

† 2

Cɛsᴛᴇ consideration, Monseigneur, m'a
donné la hardiesse vous dedier ce petit Di-
scours, fruict de mon labeur : à fin que sur les
flots assemblez , & sous l'Azil de tant de scien-
ces & singulieres vertus , infuses & acquises:
naturelles, & surnaturelles: spirituelles & cor-
porelles, desquelles Dieu a voulu liberalement
doüer vostre grandeur : Graces tant rares, qui
outre le rang de l'estoc illustre, dont vous estes
issu, vous esleuent & font paroistre entre les
puissantes colomnes de ceste maison sacree:
Ceste mienne petite vague puisse rouler par
l'vniuers. Ce qu'il vous plaira auoir pour agrea-
ble, Monseigneur, puis qu'auec l'œuure l'ou-
urier se dedie à vous, pour estre à perpetuité.

Vostre tres-humble, tres-obeyssant, & tres-fidele
seruiteur, Pᴇʀʀɪᴇʀᴇs Vᴀʀɪɴ.

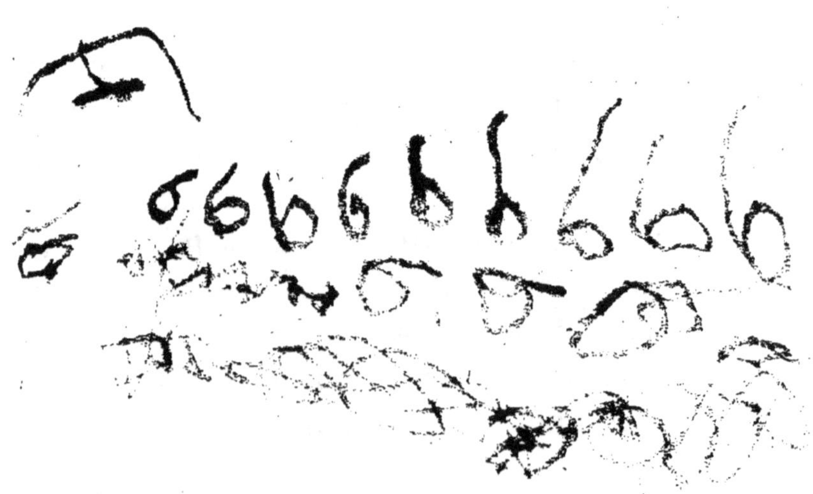

A MONSIEVR DE PERRIERES
VARIN, Sur son Apocalypse.

PErrieres c'est icy qu'il faut en la memoire
Solenniser des feux & des festes de gloire,
Et consacrer ton nom à l'immortalité:
Il est temps desormais de t'asseoir à l'ombrage,
Ce sainct dernier effort couronne ton ouurage,
Et ne t'est plus besoin que d'vne eternité.

   Ces secrets incognus à toute creature,
Que Sainct Iean esleué par dessus la nature
Contempla fixement là haut dedans le ciel,
Sont ores décelez, & toutes ces merueilles,
Coulans par ton trauail au fond de nos oreilles
Nous remplissent les cœurs de Nectar & de miel.

   Comme ce grand Soleil, au Ciel à son Eclypse
Nostre escriture en terre auoit l'Apocalypse,
Qui vouloit quelquefois l'éclat de sa clarté:
Mais par toy maintenãt ces merueilleux ombrages
Sont du tout dissipez, ainsi que les nuages
Au leuer de l'Aurore és beaux iours de l'esté.

   Riẽ d'obscur auiourd'huy n'y trouble nostre veuë,
La verité par tout s'y faict voir toute nuë,
Qui en va clairement les broüillards déuoilant:
Et ces doubtes encor de N apeir obscurcies
Par tes doctes escrits sont si fort esclarcies
Qu'au milieu de ces nuicts le iour y est brillant.

   Tu descouures à plein ce thresor de miracle
Retenu si long-temps au sein de ses Oracles,
Et n'y laisses plus rien qui ne soit paroissant:
L'on y void aussi clair comme on fait dans du verre,

† 3

Et c'est or embroüillé dans le cœur de la terre
Par le soin de tes mains nous est rendu luisant.
  Qui auroit iamais creu qu'vn nourriçõ de guerre
Emporté chacun iour aux appetits de terre,
Sans saluër les Arts de rien en eut tant faict?
Vrayement faut confesser ou que c'est vne fable,
Ou bien c'est vn miracle à toy seul conuenable,
Qui produit d'vne cause vn tout contraire effect.
  Il estoit bien besoin exposant ces mysteres
Qu'vn esprit tout remply de diuines lumieres
Ainsi qu'il feist S. Iean te rauist dans les Cieux,
Comment aurois tu sçeu ce sçauoir admirable
Si tu n'auois du Ciel vne grace semblable,
Pour expliquer de cœur ce qu'il vit de ses yeux?
  De fait, quand ie te voy ce labeur entreprendre,
Il me semble encor voir ce vaillant Alexandre
Qui coupe le lien de ce nœud Gordien,
Ou bien que c'est encor' cest excellent Ædipe
Qui par son bel esprit d'esueloppe & dissipe
Les Enigmes douteux de ce Sphinx Tesbien.
  L'vn eut vne Princesse à nulle autre seconde,
L'autre par le destin les Couronnes du monde.
Et tous deux pour loyer de ces faicts glorieux:
Mais toy tu receuras bien d'autre recompense,
De la tienne à la leur tu vois la difference,
C'est qu'ils l'eurent de terre & tu l'auras des
  Cieux.

Laulney, des Loges.

IN LIBRVM.

Pauli Varini viri nobilia.

Epigramma.

HIc qui tot quõdã populosas funditus vrbes
   Eruit,& toties arma cruenta tulit:
Qui cinctos gladiis hostes in marte fugauit,
   Indictus toties exuuiásque redito.
Nunc in pace sedens mysteria sacra resoluit:
   Et nos quæ nondum scripta fuere, docet.
Doctores scriptis coguntur cedere solus
   Sic VARINE omni tempore victor eris.

MARTIN VILLE.

EIVSDEM.

AD LIBRVM.

PArve liber tutus claras incede per auras,
   Non repetes Domini scrinia docta tui.
Scilicet Authoris satis est nota fama : benignis
   Iam populus manibus scripta priora terit.
Posteritas te sera leget : durabile nomen
   Semper erit : poterunt nec vitiare dies.

APPRO

APPROBATIONS DES DOCTEVRS.

IE fous figné confeffe auoir leu ce prefent efcrit, auquel ie n'ay rien trouué qui repugne à la Religion & verité Catholique, ains que ce qui eft contenu en iceluy, auoir & contenir probable verité & vtilité. Faict le 19. Iuillet 1608.

FR. *Geruafius*, *Docteur en Theologie, à Paris.*

IE Frere Robert Hardy, Gardien du Conuent S. François, à Fallaize, protefte auoir entendu l'examen qu'a fait Noftre Maiftre Geruafius, Docteur en Saincte Theologie de ce prefent efcrit, & n'auoir rien remarqué qui foit repugnant à la foy de l'Eglife Apoftolique & Romaine, ains y eftre plufieurs grandes coniectures & fort probables de ce qu'il traicte.

FR. ROB. HARDY.

ADVERTISSEMENT A TOVS

Chrestiens, sur l'aduenement de l'Antechrist, & fin du Monde, en
l'an mil six cens soixan-
te & six.

E sçay qu'aux vns ie suis Ambassa-
de de ioye : aux autres trompette
de tristesse & desolation : mais qui
pourra changer le conseil de Dieu?
Il y a pres de seize cens ans que sainct Paul con-
solant les Hebrieux, leur disoit, *Vous auez besoin de patience, à fin qu'ayans faict la volonté de
Dieu vous en r'emportiés la promesse : car encor vn
petit, & tant soit peu de temps, celuy qui doit venir
viendra & ne tardera point.*

   Chrestiens, c'est à vous que i'annonce cest
aduenement de si long temps attendu de nos
peres : Ie vous en reueille, de la part de celuy
qui donna commencement au monde, luy
voulut ordonner vne fin, & nous en ayant par
ses Prophetes reuelé le commencement, disposa aussi qu'en leurs escripts fust en quelque
maniere noté le temps de sa consummation,
pour estre manifesté à son Eglise lors qu'il seroit necessaire selon S. Iean : Qu'és iours de

Heb. ch.
10. v. 36.
37.

Apoc. ch.
10. v. 6.

B

la voix du septiesme Ange lors qu'il commencera à sonner de la trompette, le mystere de Dieu sera consommé (comme il a denoncé par ses serui-teurs Prophetes.)

Premierement est besoin satisfaire à vne opinion assez commune, fondée sur mauuais vsage de parler plustost que sur bonne Doctrine: Que nul ne peut sçauoir ce temps. Opinió qui semble portee de deux passages de l'Escriture Saincte, l'vn en S. Matthieu, où il est dit, *Le Ciel & la terre passeront, mais mes paroles ne passeront point: or de ce iour là, & heure nul ne le sçait: non pas les Anges des Cieux, sinon mon Pere seul.* L'autre aux Actes, où il est dit aux Apostres, *Ce n'est point à vous de cognoistre ce temps, &c.*

Au premier sera desia suffisamment satisfaict que Iesus-Christ pour auoir dit, de ce iour là nul ne le sçait, &c. ne dit pas, Nul ne le sçaura, lors qu'il sera necessaire, & plaira à Dieu le reueler, & de fait ne seroit pas bonne consequence, dire que ce qui a esté caché vn temps, le doiue tousiours estre: Dieu a veu n'estre pas bon, qu'en tout temps, à toutes personnes, toutes choses fussent claires: si la Synagogue eust recogneu le Seigneur de gloire, sans doute ne l'eust pas crucifié, estoit donc necessaire que ces choses fussent accomplies auant qu'estre manifestement decelees. Le temps de la Natiuité de Iesus-Christ a esté incertain entre les hommes, depuis la creation du monde, iusques à ce qu'il fut reuelé à Simeon, par le sainct Esprit, luy disant, *qu'il ne gousteroit*

Matth. 24. v. 35.
Act. chap. v. 7.

Luc ch. 2. v. 26.

goufteroit point la mort que premierement n'euft veu le Chrift. Le temps du deluge auffi fut incogneu des hommes pres de feize cens ans, pour eftre manifefté à Noé en temps opportun. Outre faut fçauoir de quel iour & heure entend icy parler Iefus-Chrift : Car quelquesfois, & mefme felon le ftyle de l'Efcriture fainÉte, nous appellons dernier iour, le moment auquel le ciel & la terre pafferont, à quoy veritablement fe referent ces paroles, nul n'en fçait le iour ny l'heure, (puis que c'eft vne fuitte de mots.)

Autrefois nous difons le dernier iour (ou iour du Seigneur) le moment de la Refurrection generalle. Quelquefois auffi cefte derniere heure qui doit razer de fes flammes les negoces du monde, & confommer les fiecles entre les humains, fe prend pour le dernier iour. I'aduouë donc que de ces momens nul n'en fçache parler, la cognoiffance ne nous en eftant point neceffaire, & auffi n'eftre mon intétion d'en traiÉter : mais feulement de l'an & fiecle que le dernier deluge du monde doit commencer & finir : Deluge, que plufieurs fois l'Efcriture SainiÉte nóme *Aduenement du fils de l'homme, ou iours de vengeance, iour que le fils de l'homme fera reuelé, iours de defolation & tribulation, grande iournee de l'ire de Dieu & de l'Agneau, iour du Seigneur, &c.* Noms, que felon la circonftance des paroles l'on peut iuger clairement fe referer pluftoft à tout ce temps de confommation commençant par le regne vniuerfel de l'Ante-

Luc ch. 7. verf. 24. Matt. 24. verf. 27. Apoc. ch. 6. ver. 12 Thefal. ch. 5. 6. 2.

chrift qu'à vn des derniers moments cy-deuant
mentionnez.

La difficulté de l'autre paſſage ſe peut auſſi
facilement reſoudre , en ce que Ieſus Chriſt
diſant à ſes Apoſtres , ce n'eſt point à vous à
cognoiſtre ce temps , mais vous me ſerez teſ-
moings iuſques au bout de la terre : Enten-
doit eſtre encor' alors plus expedient annon-
cer aux nations , l'Euangile , la Paſſion & le
premier aduenement du Seigneur , que donner à cognoiſtre le temps de ſon retour , co-
gnoiſſance , qui en pluſieurs manieres euſt peu
alors rapporter autant de preiudice que maintenant d'vtilité , Ieſus Chriſt & ſes Apoſtres
tant pour conſoler les iuſtes qui ne gemiſſent
que ce iour qui leur doit rendre la moiſſon de
leur ſalaire , qu'inciter auſſi les peruers , à
crainte & penitence : preſchoyent que ce
temps eſtoit fort pres (comme encore maintenant & pour les meſmes cauſes nos predicateurs nous en aſſeurent) n'euſt donc point
eſté à propos , ſeize cens ans deuant ce com-
bat , en declarer le iour & l'heure à ceux qui
n'y deuoyent point entrer, ioinct qu'en ce texte non-plus qu'en l'autre , n'y a aucune conſe-
quence pour le futur , puis qu'il demeure con-
ſtant , qu'auec les ſiecles ſuruiennent les oc-
caſions de deceler les choſes cachees. Si Abel
euſt demandé à Dieu , Seigneur quand ſera le
temps du deluge ? ſans doute luy euſt reſpon-
du , Abel mon amy ce n'eſt point à toy de
ſçauoir ce temps , ce te ſeroit choſe vaine , tu
en eſt

en est trop loin : n'ayés donc cure que de continuer fidelement enuers moy tes facrifices,
mais lors qu'il fera neceffaire , ie le reuele-
ray à mon feruiteur Noé à fin qu'il fe prepare
vne *Arche pour luy & fa famille : Auffi Iefus-*
Chrift dit aux Apoftres,ce n'eft point à vous de co-
gnoifttre ce temps,prefchez mon Euangile par toute
la terre:puis en vn autre lieu:Mais tout ainfi quil
fut fait es iours de Noé ,autant en fera-il auffi en
l'aduenement du fils de l'hōme ,parolles expreffes
qui nous affeurent donc , que Noé en fa famille (qui nous reprefentent l'Eglife) ayans
cōgnu le temps du deluge deuant qu'il fuft,
auffi doit l'Eglife cognoiftre le temps de cefte
fin du Monde ,qui doit engloutir & jetter en
l'abifme ceux ,qui en feront furpris, n'ayans
preueu à leur falut.

   Iefus-Chrift encor'apres dit : *Semblablement*
auffi cōme il aduint aux iours de Loth,on māgeoit,
on beuuoit, on acheptoit, on vendoit,on plantoit,on
edifioit, mais au iour que Loth fortit de Sodome il
*pleut feu & fouffre du Ciel qui les perdit tous.*Tout
ainfi fera-ce au iour que le fils de l'homme fera
reuelé , & que par ce iour foit entendu (ainfi
qu'il eft dit) tout le temps qui doit confommer le monde , fe verifie clairement par ces
paroles fuiuātes. *Ie vous dy qu'en celle nuict deux*
feront en vn lict,l'vn fera pris l'autre laiffé.Deux
moudront enfemble,l'vne fera prife,l'autre laiffée.
Deux feront és champs, l'vn fera pris, & l'autre
laiffé. Or eft certain qu'és derniers momens,
tant de la confommation,ou refurrection que

paſſage du ciel & de la terre, nul ne ſera laiſſé au lit ny au moulin, ny és champs, dont ſe voit deſia ſuffiſamment, qu'icy ce iour du Seigneur s'entend pout tout le deluge, auquel ſuccederont l'vn à l'autre, & de iour en iour, tant de diuers & ſiniſtres malheurs, qu'en iceux & par iceux, ſeront accomplies ces choſes predites.

Mais Loth & ſa famille ayant cogneu ce iour de Sodome, & Ieſus-Chriſt nous aſſeurant par parolles expreſſes, qu'ainſi ſera de ſon aduenement: deuons donc croire que les fideles en ſeront aduertis, cognoiſtront le temps de la cheute du monde, & ainſi euiteront la ruyne eternelle qui doit alors cheoir ſur les impies.

Loth aduerty de ceſte conſommation de Sodome, auſſi toſt par commandement de Dieu l'annonça à ces Gendres, cecy nous note que Dieu ayant manifeſté à quelques vns des ſiens le temps de la fin du monde, promptement la doiuent publier.

Par Loth (riche abondant, en ſorte qu'Abraham & luy ne pouuoyant habituer enſemble) nous peut auſſi eſtre ſignifié quelque grand Seigneur ou Monarque qui diuinement inſpiré, & aduerty de ceſte conſommation du monde, promptement pour eſtre ſauué, entrera en l'Egliſe, Cité de Zoar, & de ſalut: Ce qui ſemble deſia aduenu en ce grand Roy de Perſe, nouuellement entré au Chriſtianiſme.

Les

Les Gendres de Loth peris pour auoir negligé ceste reuelation, nous signifient la perte de ceux qui dormans dans les fanges du môde par incredulité, reietteront ces nouuelles, ne croyans point que ce têps qui doit terminer les vaines cupiditez, puisse estre si proche : Toutesfois ceux qui tant soit peu gousteront ces paroles de Dieu à Abraham, touchant la destruction de Sodome: Sceleray-ie à Abraham ce que ie fay? Incontinent conclurront ainsi, puis que Dieu ne vouloit sceler à Abraham le temps de cette desolation de Sodome, & que Iesus-Christ par parolles expresses, nous dit, *qu'ainsi en sera de son aduenement*, nous deuons donc croire qu'il ne scelera point aux enfans d'Abraham (l'Eglise) le temps de cette horrible consommation du monde ; qui doit surprendre les infideles, reprouuez en leurs iniquitez, & les perdre à iamais.

Sainct Paul Apostre, met cecy bien au clair, *Thess. c.8.* disant aux Thessalonitiés. *Vous sçauez tres-bien que le iour du Seigneur viendra comme le larron en la nuict.* Et que ce iour du Seigneur s'entend icy de tout le deluge du monde, se voit en ce que contenant & parlant des infidelles reprouuez, il dit, car quant ils diront paix & seureté, adonc leur suruiendra soudaine destruction & n'échaperont point. Or chacun sçait qu'és derniers moments de consommation, resurrection & passages du Ciel & de la terre, les meschans ne diront ny espereront plus paix & seureté, qu'alors leur destruction

sera

sera asseurément suruenuë. Donc ce iour du
Seigneur, se doit prendre icy pour tous ces
derniers orages qui peu à peu doiuent destruire le monde.

Heb. 10. Voicy que dit encore cest Apostre, *Prenons
garde l'vn l'autre, à fin de nous inciter à charité
& bonnes œuures, ne delaissant point nostre assem-
blee comme aucuns ont de coustume, ains admone-
stans l'vn l'autre, & ce d'autant plus que vous ver-
rez le iour approcher.* Qui donc ozera encore
dire que nous ne deuons point voir approcher
ce iour, ny en cognoistre le temps?

Et pour la recognoissance de ce temps,
voicy qu'il dit. *Mais vous freres, vous n'estes
point en tenebres, tellement que ce iour vous
surprenne comme fait vn larron, car vous
estes enfans de lumiere & enfans du iour:* Par
ces enfans de lumiere sont entendus les fidel-
les, ausquels Dieu par sa parole (iour qui ma-
nifeste toutes choses) reuelera le temps de ceste fin, qui loüera les œuures d'vn chacun. Et
ceux à qui la grace donne des yeux, peuuent
bien par le regne en recognoistre le Siecle, &
regardant plus haut, veoir aussi que des sept
sceaux du liure que l'Agneau doit ouurir,
les cinq premiers sont ouuerts y a long temps,
& l'Agneau estre à l'ouuerture des deux
derniers : le temps desquels (pour leur grande violence) ne peut estre que de fort petite
duree.

Que les Anges aussi n'ignorent point ce
temps, se verifie mesme par les paroles de Sathan

than à Iesus-Chrilt : Es-tu venu icy auant le temps pour nous tourmenter ? Sçachant bien que la fin du móde n'eſtoit encore, en laquelle, auec toutes ſes bandes, il doit eſtre reſſerré dans les cachots de l'Abiſme pour y ſouffrir tourment extreme eternellement.

L'Ange dit au Prophete Eſdras que la meſure du temps paſſé eſtoit plus grande que celle du temps aduenir : Et en autre lieu : Que le Siecle ſeroit de ſept iours, & qu'apres ces ſept iours, ſeroit la reſurrection des choſes qui dorment en la terre. Ce ſainct Ange pouuoit-il ainſi parler des temps & de leur meſure, ſans auſſi en ſçauoir le commencement & la fin? Cecy ſoit dit pour fermer la bouche à ceux qui ozent propoſer que les Anges ne ſçauent point ce temps.

Ie croy auſſi que nul n'oſeroit entreprendre à maintenir que les Prophetes qui tant & tant ont parlé de ce temps, ont veu & predit les choſes ſelon qu'elles doiuent aduenir de Siecle en Siecle iuſques à la fin du móde, n'ayent bien cognu le temps, ſans cognoiſtre les temps : Et ſi leurs paroles ſont obſcures : que reſte-il qu'à les manifeſter?

Donc pour couper pied à toutes doutes, ie dy que ſuyuant toutes ces choſes, le Siecle & l'an de cette fin du monde ſe peuuent & doiuent cognoiſtre par vn grand nombre de figures & propheties expreſſes, que l'on ne peut dire auoir eſté reuelees, ny à nous laiſſees par eſcrit pour aucune autre cauſe : Dirons nous les Prophetes auoir escrit quelque chose en vain?

Generation saincte, peuples acquis & sanctifiez, qui reposez entre les sept cornes de l'Agneau salut du monde, vous serez donc aduertis que selon icelles figures & propheties contenuës és Escritures Sainctes. *Contre lesquelles & l'Eglise, ie n'entends statuer de moy mesme aucune chose.*

La natiuité de l'Antechrist se trouue en l'an vingt & six de ce Siècle, le commencement de son Regne vniuersel en l'an cinquante six, sa cheute, & de son empire, en l'an soixante, & la fin du monde en l'an soixante six : Ces choses contre Napeir Escossois, qui pensoit nous noircir ce iour, le remettant vingt & deux ans plus loing, sçauoir en l'an quatre vingt huict de ce Siecle, pour tousiours esloigner de nous la crainte d'iceluy, & faisant ainsi continuer les hommes en leurs iniquitez, les y faire aussi desastréement tresbuscher : Voicy vne de ses erreurs, *Que la fin dès six mil ans est la fin du monde*, racourcis encor ainsi qu'il le discourt. Il se fonde sur vne sentence d'Ely? Raby. *Que le monde doit durer six mil ans & puis estre consommé par feu:* Deux mil ans sans loy, deux mil ans sous la loy, & deux mil ans seront le temps du Messias, toutesfois que pour les pechez qui seront grands defaudront quelques annees. Là dessus conclud, que ces six mil ans doiuent dóc estre abregez.

A cela

A cela ie refponds premierement que feroit imputer menfonge à Ely , dire que les
temps fuffent plus cours, mais maintenir auec
la verité qu'ils font encor plus longs qu'il ne
les a declarez , cela eft fans offence : & de fait
il dit , deux mil ans fans loy, toutesfois s'en
trouue deux mil fept cens huiĉt , fçauoir, depuis la creation iufques à l'entree du peuple
en la terre fainĉte, Bien que la loy fut don-
nee au defert , mais pour eftre entierement
gardee en icelle terre fainĉte. *Ainfi Dieu diĉt à
Abraham que fa femence feroit en feruite par
quatre cens ans*, & fe trouue qu'elle y fut quatre cens trente. Eft donc neceffaire que les
temps foyent entierement, accomplis , felon
qu'ils font prophetizez, mais n'eft pas confe-
quence qu'ils ne doiuent eftre plus longs. Et
ne m'esbahy point de Luther & autres qui
leurs fupputations propofent les temps plus
cours que ce Raby ne les a declarez, puis qu'ils
ofent bien les racourcir , auffi outre le tefmoi-
gnage de Moyfe & autres Prophetes qui en
ont fi exprefsément parlé.

Ely difant , le monde durera fix mil ans,
puis fera confommé par feu , entend donc
la confommation fe face dans le feptiefme
Siecle , chofe manifefte , puis que les deux
mil fept cens huiĉt ans qui fe trouuent fans
loy, auec le temps de la loy pris au iufte, &
joinĉts aux feize cens huiĉt , depuis la grace,
font defia enfemble trois cens feize ans plus
que les dix mil : & que le temps de la loy foit

encore plus long que ne l'a escrit ce Raby, se
voit suffisamment en S. Luc, où se trouuent
Luc c. 3.
v. 31. 32.
33. 34.
depuis Abraham iusques à Dauid quatorze gene-
rations, & depuis Dauid, iusques à Iesus-Christ
quarante-deux generations, le téps des quatorze,
selon l'Escriture, se trouue de plus de douze
cens ans, est donc à croire que celuy de quarante deux soit beaucoup plus long, outre que
cinq cens ans & plus, depuis l'entree du peuple en la terre Saincte, sous la conduitte de
Iosué, iusques à Dauid, temps qui est des quatorze generations, est encor de la loy. Voicy
donc la verité

Dieu ayant creé le Ciel & la terre & tout
l'exercite d'iceux, en six iours, & se reposant
le septiesme : Nous voulut ainsi figurer ceste
grande sepmaine des Siecles qui sont sept mil
ans ordonnez pour le cours du monde, au dernier desquels doit estre le repos. Comparai-
son d'ans & de iours confirmee par S. Pierre,
Ep. 2. c.
3. v. 8.
Mat. c.
24. v. 1.
disant, *que mil ans sont deuant Dieu côme vn iour,*
& vn iour comme mil ans. Ce que Iesus-Christ
enseigne clairement, disant. *Or priez que vostre*
fuite ne soit en hyuer ni au iour du Sabath, car alors
y aura grande tribulation, &c. Ce iour du Sabath
(septiesme de la sepmaine & iour de repos)
nous signifie donc icy le septiesme siecle dans
lequel doit aduenir le repos, & neantmoins
en iceluy encor grande tribulation deuant ce
repos. Napeir à sauté ce point agillement, car
il cite bien les paroles suiuantes, si ces iours là
n'eussent esté abbregez, nulle personne seroit

sauuez

sauuee, mais pour les esleus ces iours là seront abregez, & n'a sçeu voir que cest abregement doit estre sur le septiesme Siecle, figuré par le septiesme iour de la sepmaine.

C'est ce que S.Paul nous asseure, *Que Dieu* Heb.4. *se reposa de tous ses ouurages au septieme iour, mais encor' qu'en iceluy les incredules n'entreront point en son repos.* Il entend donc par ce septiesme iour signifier ce septiesme Siecle dedans lequel doit estre le repos.

Or que ce cours du monde soit de sept siecles, & la fin d'iceluy deux, le septieme se verifie encor par vn nombre infiny de figures, & Propheties expresses, toutesfois pour éuiter prolixité l'ay retranché à neuf ou dix. Premierement par l'Arche de Noé, selon que Iesus Christ mesme dit, *que son aduenement sera* Mat.24. *comme celuy du deluge, &c.* ceste Arche branlan- v. 37. te sur les eaux, nous represente l'Eglise parmy les tempestes, trauaux & impetuositez, iusques à ce septiesme siecle, dans lequel il doit trouuer vn repos asseuré, *Ainsi que l'Arche dans le se-* Nab.2. *ptiesme mois de sa nauigation.* Genes.8.

Henoc septisme homme, fut transporté de la ter- Gen.c.6. *re.* Cecy nous note qu'au septiesme siecle de sa v.24. generation, les hommes esleuz doibuent estre esleuez au Ciel.

Voicy des paroles expresses de l'Ange au Pro- Esd.c.3. phete Esdras, *Que le siecle du monde sera des sept* ver.31. *iours, & qu'apres ces sept iours (ou siecles) sera la resurrection des choses qui dorment en la terre.*

Dequoy Dieu nous voulut expreſſément aſ-
ſeurer.

Ordonnant que ſon peuple laboureroit la
terre par ſix ans,& au ſeptieſme auroit repos.

Auſſi par l'aſſiegement de la ville de Hieri-
cho,par la prinſe de laquelle le peuple de Dieu
ſortit des deſerts,commença de poſſeder la terre promiſe. *Car Dieu ordonna que pour entrer en*
icelle ſon peuple armé , l'enuironneroit tournant
à l'entour par ſix iours,vne fois le iour,& qu'au ſe-
ptieſme iour l'enuironneroit par ſept fois,& qu'en
ce ſeptieſme enuironnement du ſeptieſme iour , il
*triompheroit,& entreroit en poſſeſſion d'icelle.*Ces
ſix enuironnemens par les ſix premiers iours,
nous ſignifient les ſix premiers ſiecles, par leſquels les hommes deuoient trauailler & com-
batre ſuiuans les commandemens en la loy
de Dieu , afin qu'au ſeptieſme puiſſent entrer
en poſſeſſion de l'heritage celeſte qui leur eſt
promis.

Moyſe fut couuert de la nuë par ſix iours, & au
ſeptieſme le Seigneur l'appella du milieu d'icelle,
Signifiant auſſi ce que deſſus.

Es ſept ſepmaines ordonnees au peuple d'Iſraël
pour la maiſon. Signifient auſſi ces ſept ſiecles,
dans leſquels Dieu doit moiſſonner le monde,
& meſme ſelon Ieſus Chriſt diſant. *Celuy qui ſe-*
me la bonne ſemence c'eſt le fils de l'homme, le châp
eſt le monde , la bonne ſemence ſont les enfans du
Royaume,l'iuroye ſont les enfans du mauuais,l'en-
nemy qui la ſeme eſt le Diable,Et la moiſſon eſt
la fin du monde,&c.

Eſt

Ioſ. ch.6.
ver.14.
15.16.

Ex.c. 24.
v. 15.16.

Deut. ch.
16.v.9.
Mat.c.13
ver. 37.
38.39.

Eſt dit en Daniel, *que les deſolàtions de Hie-* *Daniel*
c. 9. v. 2.
ruſalem ſeront parfaictes en ſeptante ans, Signi-
fiant ſoixante & dix petits ſiecles, qui ſont ces
ſept grands ſiecles, dans leſquels les deſolations
des eſleus doiuent ceſſer. *Les ſept annees deſ-* *Deut. 2.*
15. v. 12.
quelles la ſeptieſme eſtoit l'vn de la remiſſion du
Seigneur, pour ce qu'en icelle tout crediteur quittoit
à ſon prochain ce qu'il luy deuoit. Signifioient
auſſi ces ſept grands ſiecles du cours du monde,
dans leſquels toutes debtes doiuent eſtre remi-
ſes entre les hommes.

Nous auons auſſi en l'Apocalypſe, entre au- *Apocal.*
tres figures, les ſept trompettes, deſquelles les
ſix premieres (outre leur particuliere intelli-
gence) ſignifient ces ſix premiers ſiecles, par
leſquels les hommes ont eſté continuellement
appellez de Dieu, à la iouyſſance de l'herita-
ge eternel, pour y entrer apres le ſon de la
ſeptieſme, au ſeptieſme ſiecle : figure de trom-
pettes, confirmee au ſiege de Ierico, auquel
(ſelon qu'il eſt dit) ſept trompettes ſonnoient
tous les iours, iuſques à l'entree du peuple de
Dieu en icelle.

Les ſept ſceaux auſſi deſquels le dernier eſt *Apocal.*
le ſceau de conſommation, outre leur premie-
re intelligence, ſignifient ces ſept grands Sie-
cles ſcellez & arreſtés de l'ordonnance de Dieu,
pour le cours de la ſenſualité, deſquels le ſe-
ptieſme doit eſtre le dernier, & auſſi l'entree
du repos que les hommes ne pouuoient atten-
dre ny obtenir de la nature, par la nature, ny
donc des ſiecles de la nature, de la loy, ny par
 la loy,

la loy, ny fous les fiecles de la loy, mais de Iefus-
Chrift, par Iefus-Chrift, & auffi fous les fiecles
de Iefus-Chrift.

Ce que Daniel attefte, difant, *Que les feptante
feptaines feront abregees fur la faincte Cité.*
Dan. c.9. Qui nous fignifient feptante petits fiecles, qui
font ces fept grands fiecles, ordonnez pour le
cours du monde, abregez fur l'Eglife de Iefus-
Chrift tant de paroles expreffes, Propheties, &
figures mentionnees cy-deuant, & autres encore cy-apres, fans vne infinité que l'on pourroit
encore alleguer, ne nous peuuent donc laiffer
en doute que le cours du monde ne foit de fept
fiecles, & dans le feptiefme le repos. Faut voir
maintenant que nous fommes au feptiefme &
dernier fiecle, & que d'iceluy court defia l'an
fix cens & huict.

Premierement felon Ely Raby, fes iours du
Meffias font deux mille ans, qui toutesfois doiuent eftre abregez à caufe de la multitude des
pechez (& auffi felon Iefus-Chrift, à caufe des
effeus.) Nous fommes dans le deuxiefme mil-
lier des ans du Meffias, & ce en feptiefme & dernier fiecle, donc l'abbregement des iours de la
confommation.

Eft. c. 11.
ver. 6. 7. Eft le fonge de Mardoché, *En l'an deuxiefme
du regne du tres-grãd Artaxerxès, où il vit tumul-
tes, tonnerres, mouuemẽs de terre, turbatiõs, & deux
grãds dragons, appareillés l'vn contre l'autre pour
batailler, au cry defquels toutes nations furent ef-
meües contre les iuftes, & alors auffi les iuftes fort
oppreffez, &c.* Ce qui nous fignifie l'Antichrift
auec

auec ses multitudes, contre les sainéts: conse-
quément la fin du mõde en ce deuxiesme siecle du regne de ce tres grand Roy des Roys,
Iesus Christ,& qui pourra dõc bien supputer,
trouuera,ainsi qu'il est dit, depuis la creation
iusques à la loy, deux mil sept cens huiét ans,
& depuis la loy iusques à la grace, deux mille
deux cens quatre vingts douze,faisant ensemble le nombre parfaiét de cinq mil, depuis la
creation iusques à la grace. De fait,se trouue
que la transmigration de Babilone a esté au
bout des quatre premiers Siecles, & d'icelle
transmigration iusques à Iesus-Christ (selon
S. Luc,) y a le temps de vingt & huiét generations qui ne peut estre moins de mil ans, au
regard de celuy des autres generations prece- *Esd. 2.l.*
dentes ; & donc la venuë de Iesus-Christ au *4.*
bout de cinq premiers Siecles,pour au sixies- *Gen. 1.*
me viuifier l'homme, qui aussi auoit etté for- *Esd. 6.*
mé,& fait en ame viuante, le sixiesme iour de
la sepmaine,apres les cinq premiers.

Cecy expressément signifie par les cinq
iours,au bout desquels *Machabeus* brusla le *Mach. 2.*
dernier fort qu'Antiochus (figuré de mort & *cha. 10.*
de peché) tenoit en Israël, ce sont ces cinq
premiers Siecles,à la fin desquels Iesus Christ
deuoit deliurer son peuple de la puissance de
la mort,pour apres les deux Siecles de sõ Regne,la destruire absoluëment & entierement
auec Sathan, & faire que ses fideles apres ceste victoire, le benissent eternellement dans
son Paradis. Ainsi qu'en Israël Machabeus,

& le peuple apres auoir occis Timothee
Lieutenant d'Antiochus, deux iours apres la
destruction de son fort. C'est ce que Iesus-
Christ mesme nous voulut noter, lors que de
cinq pains il repeut cinq mil hommes. Car
luy estoit aussi facile rassasier ces multitudes,
de quatre pains comme de cinq, & nous declarer aussi le nombre des femmes & enfans
qui en mangerent, comme des hommes seulement : faut donc croire que par ces deux
nombres expres, de cinq pains & cinq mil
hommes, il vouloit signifier, qu'il estoit celuy
qui deuoit rassasier de pain viuifiant les multitudes qui l'attendoyent à ceste fin, depuis
cinq mil ans. Cecy confirmé en ce qu'encor
apres, de sept pains il voulut repaistre quatre
mil hommes, pour donner à entendre qu'il
n'estoit pas venu seulement pour les multitudes de cinq premiers siecles, mais de tous les
sept, racourcis toutesfois selon les quatre nō-
bres de l'homme qui composent le cours du
monde, depuis le premier iusques au dernier,
signifiez aussi par les quatre mil hommes rassasiez : desquels nombres sera traicté cy apres
en temps & lieu.

Ces cinq premiers Siecles au bout desquels
Dieu deuoit accomplir sa misericorde, & selon ses promesses, brief la teste au serpent par
la semence de la femme, & ainsi deliure son
peuple de ceste mort qui le tenoit enuironné
& oppressé de soif, luy empeschant les fontaines de vie, signifiees aussi par les cinq iours
apres

apres lefquels Dieu ayant receu la priere de
fon peuple , le deliura de la puiffance de Na-
buchodonozor,par cefte femme Iudith;cou-
pant la tefte à Holofernes,qui les tenoit affie-
gez en languiffant de foif , luy ayant ofté la
commodité de toutes eaux & fontaines(ainfi
que dit le texte.)

Les deux mil ans du Meffias donc,les deux
autres grands fiecles,dans le dernier defquels
doit eftre le repos , & fur lequel court deffa
l'an mil fix cens hui{ct}.

A cefte fupputation s'accordent generale-
ment toutes figures, & Propheties qui trai-
{ct}ent du corps du monde & de fa confommation,fpecialemét cefte-cy de l'Apocalypfe où
il eft dit , & eft icy le fens lequel a fapience,
*Les fept teftes font fept montagnes fur lefquelles la
femme fe fied, & fõt fept Roys,les cinq font cheutz,
l'vn eft & l'autre n'eft point encor venu,& quand
il fera venu, faut qu'il demeure pour prendre vn
temps.* Bref ie fçay que ce paffage, plufieurs a-
bondant en leurs fens,donnent diuerfes inter-
prétations, lefquelles pour ne fatisfaire pas
bien au texte, l'on peut facilement iuger n'e-
ftre pas felon l'intention de l'autheur:telle eft
cefte cy, Que les fept teftes de la befte fighi-
fient fept empires où les feruiteurs de Dieu
ont efté oppeffez, fçauoir Egypte , Canaam
fous les Roys Idolatres,Babylone,Grece fin-
gulieremét foubs Antiochus, Rome & l'An-
techrift. Or quand ne voudrions demander,
pourquoy S. Iean auroit icy auec tant d'ob-

Apoc. c.
17. v. 9.
10.

scurité, parlé de choses si communes & co-
gnuës de tous, que le peuple de Dieu a esté
affligé en ces lieux, encor pourrions nous
auec raison enquerir pourquoy icy à faute
d'Empire, l'on propose vn Empereur Antiochus, car si ces sept testes sont sept Empires,
n'est point licite de conter vn homme pour
vn Empire, ou s'il faut au lieu d'Empires conter les Empereurs & Roys Idolatres persecu-
teurs du peuple de Dieu, sans doute le nombre s'en trouuera de plus de deux fois sept.

Mais sans m'arrester d'auantage contre tel-
les interpretations me suffira que par les sept
testes de la beste (que l'Escriture mesme in-
terprete sept mótagnes, sur lesquelles la femme se sied) sont entenduës les sept parts de la
terre, sur lesquelles habite la congregation de
Sathan, ainsi qu'au contraire les sept cornes
de l'Agneau sont entenduës ces sept parts de
la terre où se sied l'Eglise de Iesus Christ, &
par les sept Roys les sept regnes, ou siecles du
monde, par l'espace desquels la multitude re-
prouuée doit regner : Desquels siecles esto-
yent cheurs lors de ceste prophetie, les cinq
premiers, le sixieme estoit:& ce septieme &
dernier n'estoit encor, mais deuoit venir &
estre abregé, ainsi qu'il est dit, pour faire pla-
ce à la huictieme qui est celuy de la damnation eternelle de Sathan,& ses multitudes:se-
lon ces paroles suyuantes, & la beste qui e-
stoit & n'est plus aussi l'huictieme,& est des
sept, & va à perdition : & notons cecy, que
l'hui

Apoc.
chap. 5.
vers. 6.

Esd 4.
chap. 2.
vers. 1.

l'huictiefme eft des fept , pource que ce feptiefme & dernier fiecle doit eftre abregé, &
en iceluy commencer l'huictiefme, celuy de
la damnation eternelle de la Befte , & fes
fuppofts.

Or que ce grand & dernier fiecle ne doyue
pas eftre entierement accomply , nous le
voyons defia par ces paroles alleguées cy deuant. Secondement par Ely Raby, difant que
pour nos pechez qui feront multipliez defaudront quelques annees ; tiercement par Daniel, *Que les feptante fepmaines feront abregees*
fur la faincte Cité: Et par Iefus-Chrift difant,
Que les derniers iours feront abregez à caufe des
efleuz: Ce qui nous eft clairement figuré par
l'Arche de Noé, flottant fix mois entiers, &
prenant repos le dixfeptiefme iour du feptiefme , nous affeurant que le repos des fideles doit preceder la fin & perfection de ce
feptiefme fiecle.

Cecy auffi veritablement confirmé par les
fept iours de l'affiegement de Ierico , de laquelle les murs tomberent , & la poffeffion
d'icelle prife du peuple de Dieu , deuant que
le feptiefme iour fuft confommé. Refte donc
rechercher ce periode, & de combien d'annees ce feptiefme Siecle doit eftre abregé.

Premierement le pouuons voir en ceft affiegement de Ierico, duquel (felon qu'il eft
dit) les fept iours nous fignifient les fept
grands fiecles, qui font fept mil ans : Et les
fept enuironnemens du feptiefme iour, fignifient

Daniel.
cha.9. v.
24.
Matth. o.
24.
verf. 22.

Iof. 6.

fient fept petits fiecles qui font fept cens ans du dernier grand fiecle, dans lefquels le cornet doit fonner, & alors le peuple de Dieu entrera en poffeffion de l'heritage eternel.

C'eft proprement ce que Iefus Chrift nous veut noter difant, *Or priez que voftre iour ne foit en hyuer ny au iour du Sabath, car alors y aura grande tribulation , telle qu'il n'y a eu depuis le commencement du monde & ne fera.* Car fix cens huict ans de ce dernier grand fiecle defia paffez fans que ces chofes foyent aduenuës, nous declarent bien que Iefus-Chrift par ce iour du Sabath n'entend pas feulement ce feptiefme & dernier grand fiecle, mais fpecialement auffi ce feptiefme petit fiecle, dans lequel doit eftre l'hyuer du monde, la fin du temps & auffi la grande tribulation.

Cecy nous eft auffi enfeigné par les fept mois que l'Arche de Noé flotta , nous fignifiant, ainfi qu'il eft dict, les fept grands fiecles de la nauigatiõ des humains fur les vagues de l'inconftante fenfualité, & cette Arche arreftee le dixfeptiefme iour du feptiefme mois nous fignifie le cours du monde, arrefté dans les dixfept cens ans du dernier temps, qu'Ely Raby appelle les deux mil ans du Meffias, cela reuenant à ce nombre de fept cens ans, dans ce grand & dernier fiecle auquel nous fommes maintenant. C'eft pourquoy ces deux nombres de dix & fept, font appellez nombre de perfection, pource que dans ces deux nombres de dix & fept petits fiecles (qui font

dix

dix & sept cens ans, à conter depuis la grace)
doit estre la perfection & fin du monde: Cecy se verifie encor par vne figure tres-claire,
sçauoir, par l'espace de temps qui se trouue
depuis nostre creation en Adam: iusques à la
destruction du monde par le deluge: Temps
qui auroit esté reuelé en vain, sinon pour
nous noter, qu'autant y en doit auoir depuis
nostre regeneration en Iesus-Christ (à ceste
occasion appellé second Adam) iusques à la
consommation.

Or depuis la creation iusques à la destruction par eau, se trouue ces deux nombres de
perfection, dix & sept Siecles de cent ans chacun,& donc depuis la grace, iusques à la consommation doyuent estre ces dix & sept cens
ans? Et ainsi ce grand & dernier Siecle des ans
de grace, se trouue desia (selon les Propheties
& figures) abregé de trois cens ans. Mais ce
n'est pas tout, si voulons curieusement exa-
miner ces figures à nous addressées à ceste
fin, trouuerons que ce temps doit encor estre
plus court,& abregé outre ces trois cens ans,
car l'Arche de Noé arrestee au dixseptiesme
iour, du septiesme iour du septiesme & dernier mois de sa nauigation, nous represente
bien le monde finissant au dixseptiesme Siecle de sa course, depuis la grace, mais il n'est
pas dit que ce dixseptiesme iour fust parfaict
ny entierement accomply, donc ne nous faut
persuader que ce dix septiesme Siecle,auquel
nous sómes y a huict ans, doyue estre du tout

expiré

expiré deuant la consommation, ains qu'elle
doit estre dans iceluy : Ce que l'autre figure
expresse nous enseigne clairement : Car se
trouuent que les dixsept cens ans, depuis la
creation iusques au deluge, ne sont pas entierement accomplis, mais seulement seize cens
cinquante six : Ainsi ces derniers cens ans se
trouuent encor abregez de quarante quatre:
Tellement que ceste destruction vniuerselle,
selon les Propheties & figures , doit commencer en l'an de grace mil six cens cinquante six.

Gen. 7.

Mais voicy vne consideration, que le deluge par eau nous est noté dés lors qu'il commença à plouuoir iour & nuict, selon ces paroles escrittes, *Alors fut fait deluge par quarante iours sur la terre, &c.* Et donc le nombre des
ans de la creation au deluge, se doit entendre
expiré, lors que l'eau commença à tomber du
Ciel.

Daniel 9

Or la desolation & derniere destruction
du monde commença par le regne vniuersel
de l'Antechrist, qui en sera le premier instru-
ment : Regne accompagné & suiuy d'vne infinité de grands malheurs & playes, qui com-
menceront à ruyner & destruire les œuures
de Dieu. Ce sera ce miserable regne qui cou-
urira la terre d'vne mer de douleurs & de de-
solations, qui ne cesseront non plus que le deluge, iusques à la fin & renouuellement des
choses : faut donc croire que le dernier moment du monde ne sera pas encor en l'an
cinq

cinquante six de ce siecle, mais seulement le
commencemēt du deluge, c'est à dire, du Regne vniuersel de l'Antichrist qui monstrant
alors ses cornes, commencera de faire orager
les derniers maux de nos siecles. Et cest Antichrist ainsi appellé pour ce qu'en toutes
choses doit estre contraire au Chrīst, & aussi
que sa puissance doit paroistre plus grande
que toute puissance humaine, pour l'exercice
de laquelle, luy doit estre donné autant de
temps sur la terre qu'a eu Iesus Christ, sçauoir, *Trente ans ou enuiron, deuant que de regner*
vniuersellement, & trois ans & demy ou enuiron,
pour son regne vniuersel, reuenant à ce nombre de
quarante ou quarante deux mois prophetisez, Signifiez aussi par les quarante iours de la pluye
du deluge: ainsi que trouuons par les Escritures, Iesus-Christ n'auoit presché ny exercé
manifestement ses puissances, qu'enuiron l'an
trente de son aage, iusques au bout de trois
ans & demy ou enuiron.

L'Antichrist commenceant donc à regner
vniuersellement en l'an cinquante six de ce
siecle, sa natiuité se trouueroit en l'an vingt &
six: & ayant regné vniuersellement par trois
ans & demy ou enuiron, sçauoir, depuis cinquante six iusques à soixante (selon qu'Isaye
aussi le note) disant, *en trois ans comme és ans du*
mercenaire sera osté la gloire de Moab, &c.

Alors commencera l'Eglise apres la destruction de cette beste, d'auoir repos des persecutions antichristianes seulement, & l'Euan-

Apoc. chap.
15. Esdre. 4.
chap. 6.

gile estre presché: Ainsi qu'il est prophetisé. Ce qui donnera encor' au monde vn temps, mais fort court: Temps signifié par les sept iours qui se trouuent depuis que Dieu commanda à Noé d'entrer en l'arche, iusques au deluge, qui sont autant d'ans depuis que Dieu par la predication de sa parole (apres la cheute de l'Antichrist) aduertira toutes nations & peuples d'entrer promptement en l'Eglise, en laquelle seule l'on peut estre sauué, iusques à la consommation.

Gen. chap. 8.

Ces sept ans signifiez aussi par les sept iours que Noé demeura encor' dans l'Arche, apres auoir cognu les eaux estre retirees & la terre seiche. Signifiant ainsi aux hommes, qu'ils auront encor' sept ans de temps pour recognoistre leur salut, apres auoir esté agitez des inconstances, & perilleuses vagues de mensonges & persecutions de l'Ant. C'est ce que le Prophete Ezechiel nous asseure disãt, *que l'Eglise bruslera les armeures de l'Antichrist par 7 ans.*

Ezech.
chap. 39.

Tout cecy confirmé par Daniel, *Qu'apres l'Antichrist l'alliance sera confirmée à plusieurs par vne sepmaine, & que par la moitié d'vne sepmaine, defaudra le Sacrifice & oblation, &c.* Or que ceste sepmaine de confirmation s'entende de sept ans, se verifie par la moitié de la sepmaine, que le sacrifice doit defaillir moitié de la sepmaine.

Dan. cha. 9.

Qui ne peut estre entendue autrement que de trois ans & demy qui est le temps definy pour le regne vniuersel de l'Antichrist, pendant

dant lequel ce ſacrifice public doit eſtre diſcontinué, & donc la ſepmaine entiere ſe doit icy entendre pour ſept ans, que Daniel treſconuenablement appelle ſepmaine, pour ce qu'en iceux doit eſtre defait peu à peu,& d'an en an, tout ce que le Createur fit en la premiere ſepmaine, ſelon que le reuele S. Iean par les ſept trompettes qui commencerent à ſonner l'vne apres l'autre apres l'ouuerture du ſeptieſme ſceau qui nous annonce la conſommation. Deſquelles trompettes les ſix premieres ne nous fanfarent que deſtruction ſur la terre,ſur la mer, ſur toutes eaux, fontaines & fleuues,ſur le Soleil, la Lune & les Eſtoilles, ſur le iour & la nuict & ſur les hommes. Et la ſeptieſme vn entier & parfait repos. *Apoc. 8.*

Cecy enſeigné par Ieſus Chriſt, parlant de ceſte deſtruction du monde commenceant apres la cheute de l'Antichriſt, & diſant: *Or incontinent apres la tribulation de ces iours là, le Soleil deuiendra obſcur, la Lune ne donnera plus ſa lumiere, & les eſtoilles cherront du Ciel, & les vertus s'eſmouueront des Cieux,* adonc paroiſtra au Ciel le ſigne du fils de l'homme,alors auſſi ſe plaindront toutes les lignees de la terre, & verront venir le fils de l'homme és nuees du Ciel, auec grand puiſſance & maieſté, lequel enuoyera ſes Anges auec la trompette qui aſſembleront les eſleuz des quatre vens, & ceſte ſeptieſme & derniere trompette donc pour le repos des eſleuz. *Mat. chap. 24. verſ. 29.*

A cecy s'accordent les dix mois que les

eaux du deluge couurirent toute la terre, qui nous signifient ces derniers dix ans de la destruction au monde, depuis le commencement du Regne vniuersel de l'Antichrist en l'an cinquante six de ce siecle, iusques à sa fin. Desquels dix ans les trois premiers estãs pour le cours d'iceluy Regne, le sept derniers sont pour le reste du temps. Et ces dix dernieres années, signifiees par ces dix mois que la terre fut ouuerte des eaux du deluge, pour ce qu'en icelles annees sera l'abondance des derniers rauages qui peu à peu noyeront le monde. Ce sont les dix iours de tribulation, desquels l'esprit auertit l'Eglise, afin qu'elle les supporte patiemment.

Apoc. ch. 2.

Cecy nous est expressément figuré en Tobie, qui pour estre tenté & esproüué fut rendu aueugle en l'an cinquante six de son aage, & desaueuglé en l'an soixante, au retour de son fils qui s'estoit auancé exprés, & pour preparer la venue à Sarra sa femme qui deuoit arriuer sept iours apres. Dieu nous signifie par ces choses les miserables nuicts qui doiuent pour esprouuer les habitans de la terre leur Eclipser la lumiere de vie, par le regne de l'Antichrist commençant en l'an cinquante six de ce siecle & destruict en l'an soixante au retour de Iesus-Christ, c'est à dire par son aduenement commençant par la cheute de l'Antichrist, pour preparer en ces 7. dernieres annees la venuë à Sarra son espouse la Hierusalem celeste, & la franche.

Apoc. ch. 12.

Ainsi

Ainſi la fin du monde ſe trouueroit donc en l'an ſix cens ſoixante ſix de ce grãd & dernier ſiecle auquel nous ſommes ʌ quoy s'accorde auſſi ce texte de l'Apocalypſe que nous reuele, *Que ceſte lumiere de fidelité, charité, iuſtice & deuotion qui reluiſoit en l'Egliſe primitiue, diminueroit peu à peu par l'eſpace de mil deux cens ſoixante iours.* Signifiant mil deux cens ſoixante ans, commençans quatre cens ans apres Ieſus-Chriſt, iuſques an l'an ſoixante de ce ſiecle, auquel an doyuent l'Antichriſt & ſon regne eſtre deſtruicts, & lors apparoiſtre derechef en l'Egliſe ceſte premiere lumiere & abondance de foy & deuotion (ainſi qu'il eſt dit)iuſques en l'an ſoixante ſix, qui doit eſtre la fin. Ce que S. Iean note encor apres, diſant expreſſément, *Que ceſte femme ſeroit nourrie au deſert par vn temps, par deux temps, & par moitié de temps,* Signifiant vn ſiecle, deux petits ſiecles, & demy ſiecle, mil ans, deux cens ans, & ſoixante ans.

Tout cecy fort clairement approuué par expreſſes paroles de Dieu, en l'Apocalypſe, où il dit: *Icy eſt la ſapience, qui a entendement qu'il cõpte le nombre de la beſte, car c'eſt le nõbre de l'homme, & ſon nombre eſt ſix cens ſoixante ſix.*

Voila donc comme en l'an ſix cens ſoixante ſix de ce dernier grand ſiecle eſt le nõbre parfait & definy des ans de l'homme, & de tout ce qui a eſté creé pour l'homme. Ainſi tout le cours de ce monde auroit eſté diſpoſé de ſix mil, ſix cens, ſoixãte ſix ans: Et ces quatre fois ſix (ou nombres de ſix) appellez nombres de

l'hôme, pource qu'au sixiesme iour de la créa-
tió, il fut formé, & au sixiesme siecle du monde, viuifié, ainsi qu'il est prouué cy deuant.

Matth. 14.

Ces quatre nombre de l'homme qui comprennent les sept siecles du monde, signifiez
par les quatre mil hommes rassasiez de sept
pains, sont aussi appellez nombres de la beste,
pource qu'en iceluy nombre de six, ainsi qu'il
est dit (doit naistre l'Antichrist) commencer
son regne vniuersel, & estre destruict, sçauoir
en l'an six mil six cens vingt six, sa natiuité
cinquante six, son regne vniuersel soixante, sa
cheute, & soixante six son dernier iugement &
sa damnation eternelle. Cecy est côfirmé par
la venuë de ceste beste, annôcee par le sixiesme sceau, qui est le sceau de desolation. Ainsi
que voyons ce nombre de six, en la sixiesme
des trompettes n'estre en destruction qu'aux
hommes Or Dieu ne voulant pas que ce têps
fust plustost manifesté, ne nous a fait mettre
en escrit par S. Iean que trois de ces nombres
de six, celant le premier de six mil, nous ren-
uoyant pour ce sujet (outre toutes ces autres
figures & propheties qui nous enseignent) au
nombre des lettres du nom de la beste, c'est à
dire, du vice pour lequel il est appellé beste:
ceste beste est appellee Antic. pource qu'elle
sera vn homme du tout contraire à Iesus & au
salut des hommes : c'est pourquoy est adiou-
sté à son nom ce mot de Christ, pour donner
à entendre qu'il sera contraire au Christ qui
est la verité, la vie, & le salut du monde.

Apoc. 6. &
9.

Ces

Ces quatre lettres du nom de la beste, A, N, T, I, nous notent donc aussi ces quatre nombres de six nombres de l'homme & de la beste : par la premiere lettre A, est signifié le premier temps, depuis *Adam iusques à Noé,* par la seconde lettre N, est entendu le second temps depuis *Noé iusques à l'entreé du peuple en la terre promise :* par la troisiesme lettre T, est signifié *le temps que ce peuple fut en la terre promise iusques à Iesus Christ,* & par la quatriesme & derniere lettre I, est entendu *le dernier temps depuis Iesus Christ.* Et ces quatre espaces de temps en general comprennent tout le cours de ce monde, disposé par ces quatre fois six, ainsi qu'il est dit. Ce que Daniel confirme disant : *Que la fin sera apres vn temps, deux temps, & la moitié d'vn temps,* qui sont ces quatre temps disposez. qu'il nous figure aussi par quatre bestes, desquelles la derniere est ce dernier temps qui doit briser, destruire & consommer tout. Ces quatre bestes signifient aussi quatre sortes de gens, Idolatres, Iuifs Mahometans, & infideles Chrestiens que sainct Iean comprend sous deux noms, *Gog, & Magog,* qui doyuent sortir des quatre coins de la terre, contre les saincts. C'est ce qu'il nous note par les sept montagnes sur lesquelles la femme paillarde se sied, & par les sept Roys, signifians ainsi qu'il est dit cy deuant, les sept parts (ou quatre coins de la terre) & les sept siecles, ou quatre temps, du cours du monde.

Voyla

Dan. c. 12. chap. 7.

Apoc. ch 12.

Voyla pour le temps, pour la personne, &
les actions de l'Antichrist, cela se trouuera au
traité que i'en ay fait contre Napeir, sur l'intelligence de l'Apocalypse, Reste voir si
quelque prophetie s'oppose à tout cecy.

Premierement nous auons la vision de Daniel faisant mention d'vn mouton qui heur-
toit des cornes contre Occident, Aquilon, &
Midy, & puis qu'vn Bouc s'approchant de luy
le frappa, & luy rompit les cornes & le foula
aux pied, Que la grand corne de ce bouc estät
rompuë quatre autres se s'esleuerent en sa pla-
ce, de l'vne desquelles sortit vne petite corne,
qui deuint grande contre Midy & Orient, &
qui selon le texte est l'Antichrist. Ceste vision
interpretee par l'Ange disät à Daniel, le mouton est le Roy des Perses, & le Bouc le Roy
des Grecs, & sa grand corne, c'est le premier
Roy qui est l'Empereur ceste corne rompuë,
quatre cornes, ou Principauté de son Empire
s'esleueront, de l'vne desquelles sortira *le Roy*

impudent de face qui est cest Antichrist, tout cecy
expressement figuré sous les noms d'Alexandre & Antiochus, au premier des Machabees,
où il est dit, *Qu'Alexandre ayant vaincu le Roy*
de Perse, & regné douze ans, mourut, qu'apres sa
mort ses seruiteurs prindrent son Royaume, & cha-
cun en son pays se couronnerent, & de l'vn d'iceux
yssu la racine de peché. Antiochus (figure de
l'Antichrist) qui s'estant assubietty l'Egypte,
C'est à dire les Idolatres, Iuifs, & Mahometans, vint contre Israël & le persecuta.

Or

Or si nous croyons ce que voyons publié
auec priuilege la côuersion du Roy de Perse
au Christianisme, & les grâdes conquestes &
victoires, tant sur le grand Tartare que l'Empereur des Grecs & des Turcs, pouuôs donc
bien dire que c'est le commencement de la
vision de Daniel & que cela ne soit, il peut
estre & tout le reste de la dicte vision en qua-
râte & huictans qui reste iusques au regne de
l'Antichrist, de laquelle vision ie ne veux icy
rien declarer d'auantage:& pour cause, IESVS
CHRIST dit que deuant qu'il vienne l'Euan- *Mat.c.*
gile sera offert à toutes nations, & sçachant *24.*
qu'il nous seroit difficile de sçauoir l'accom-
plissemêt de ceste Prophetie, nous en donna
vn signal, disant: Ierusalê sera foulée des Gen-
tils, iusques à ce que le temps des nations soit
accomply : Ierusalem est en repos plus que
iamais, & n'est plus foulee des Gentils:silen-
ce, qui nous asseure donc le temps des nations estre accomply ; & de fait ceux qui ont
escrit du nouueau monde nous asseurent que
les Philippines(grande partie d'iceluy)sont y
a long temps peuplees de monasteres , &
d'vn nombre infiny de Religieux & Reli-
gieuses,& pour le reste des Indes,& la Chine,
Que sainct Thomas y a Euangelizé & laissé
des Disciples: s'ils n'ont retenu ceste doctrine, n'est point dit que de rechef elle leur sera *Mat.c.*
portee:au contraire Iesus Christ dit à ses A- *10*
postres,vous n'aurez point acheué d'Euange-
lizer par toutes les villes d'Israël, que le fils

E

de l'homme ne vienne; & ores qu'il en restent
quelques vnes, ceste charge peut auoir esté, &
est encor accomplie en fort peu de temps par
tant & tant de predicateurs qui y sont, & y
vont encor tous les iours, au regard de sainct
Paul, qui en trente cinq ans ou enuiron, depuis sa conuersion a Euangelizé en plus de
nations qu'il n'y a au nouueau mode, conside-
ré qu'il nous est attesté par l'histoire que ces
peuples desi a long-temps, ne demandoyent
qu'à estre baptisez.

Iesus Christ aussi dit quand il viendra qu'il
ne trouuera point de foy en terre. Vienne
quand il luy plaira, n'en treuuera point entre les Idolatres, Iuifs, ny Mahometans, &
ayant sequestré ceux qu'il cognoist hereti-
ques, & schismatiques, mis aussi à part la paille, l'iuroye & l'ordure, & le reste passé à l'en-
tamine de l'Antichrist, sãs doute ne paroistra
gueres.

Chrestiens, c'est donc à tous nous de veil-
ler soigneusement chascun à son fait: premierement à vous, arbres suscitez pour porter
fruict en ce Iardin sacré: de leuer les bras vers
cest Altitonant, à fin que de son throsne il dai-
gne en ces derniers ardeurs, redoubler l'a-
bondance de ses celestes rosees, tant sur vous
que toutes autres ses plantes: desquelles il a
voulu esmailler la scabelle de ses pieds. A
vous (lumiere du mode) ouurir vos flammes
plus que iamais, à fin que puissiez en ces dernieres nuicts deuëment esclairer aux enfans

de Dieu, entre lesquels vous estes constituez exemples; vous sçauez que ceux qui portent aux autres la lumiere, peuuent quelquefois tresbucher; souuenez-vous de la cheute des Anges.

Secondement à vous qui tenez en terre les premieres authoritez ciuiles, recognoistre que ces grandeurs où Dieu vous a esleuez, vous adressent aussi le premier interest, & soin principal du maintien & repos de son temple, requerent que fassiez resulter à son bien ce que peuuent ces belles parties, Pitié, Prudence, & Magnanimité, qui se manifestent ensemble en chacun de vous : defaict tant de graces & faueurs diuines que l'on voit bienheuree vos iours, & les combler de toute felicité souhaitable, tant de benedictions. Seigneurs du monde, qui maintenant secondent le repos & la prosperité de vos Regnes, semblent desia sonner vos excellences, se preparent de cueillir en ces saincts & derniers combats les Lauriers immortels, qui ne se content point entre les vanitez du monde ; vous sçauez que toutes choses infructueuses sont renues pour vaines. Que seruent maintenant à Alexandre, & Cesar, tant de conquestes, victoires, & triomphes de paille, puis que le fruict en est demeuré enseuely sous les pans qu'eux mesmes ont abatus? Où est la recompense de leurs trauaux, puis que miserables, sont attachez à vne gehéne perpetuelle, pour à iamais y lamanter, & regretter de n'auoir employé leur temps , leurs effects & leurs armes;à se cognoistre,se vaincre,& seruir Dieu? qui donc a peu ou peut iamais, ressentir quelque bien de ces beaux effects ; qu'vne basse ambition(portee d'vn peu de vent) à espandre seulement sur la raze de quelques terres voisines? Voicy leur faute.

Qu'ils n'ont pas graué leurs faicts sur le portail, ny resigné leurs estendars aux galleries du Temple de Dieu;lequel a voulu qu'entre vous, Princes Chrestiens, leur memoire fut conseruee, afin que par la recognoissance de leur imprudence , vous soyez incitez à semer vos desseings au Ciel , où gist le prix de ceste belle ambition approuuee de Dieu & des hommes, qui couronne les veillants & prudens d'vne gloire eternelle.

Il est dit que les grandes forests & les fleues ayant conspiré choses vaines,les vnes contre les autres, soudainement s'esleuerent , vn grand feu qui consomma les forests,& des sables qui secherent les fleuues. Ces fruicts sont de saison, reste le goutter auec vn fidele souuenir de ce Roy des Roys, Seigneur des Seigneurs qui de toute la terre ne voulut pour luy qu'vne fosse , puis disposa aussi qu'en l'vn de vos cabinets pédit l'espee de ce preux tonnere du monde grand Empereur Charlemagne ayeul de nos Roys , à fin que de vos yeux iettez sur ceste sienne presente relique, rejaillisse en vos cœurs vne saincte & pareille affection d'employer vos iours & vos armes,

contre

contre les ennemis de Dieu.

Ie fçay neantmoins qu'il faut que les choses prophetifees foyent accomplies. Que le paruis s'efleue, le temple, que les dix cornes de la Befte vn peu de temps, prennent puiffance contre l'Agneau: bref que les deux cornes de la befte, (en face d'Agneau) fourniffent les multitudes de *Gog*, pour incontinent les ranger auec *Magog*, fous l'authorité de l'Antichrift, contre les Sainéts: mais Dieu aura toufiours aggreable que les fideles approuuent leur fidelité, puis mefme que cefte defolation ainfi qu'il eft efcrit, eft pour efprouuer les habitans de la terre.

Or ne puis-ie fans larmes, me tourner vers vous (France, chere patrie) vous voyant entre toutes, & plus que toutes autres nations, oppreffee des efforts de cefte Befte, *Sathan qui defia vous partage auec l'Agneau*, vous diuife, nó feulement en vos quantons, ou Prouinces, comme quelques autres, mais prefque dans toutes vos familles, fi bien qu'en vous maintenant n'y a chofe fi commune, ny moins deteftée que d'y voir le mary d'vne religion, la femme de l'autre, le Pere d'vn cofté, les enfans de l'autre; confequemment les vns à la dextre de Iefus-Chrift, autres à feneftre: horrible & lamentable confufion: France, que peuuent tes enfans efperer d'vne fi perilleufe cheute?

Quelle prudence, contre l'expreffe parole de Dieu, pourra en cefte diuifion, te garantir

d'vne

d'vne extreme defolation : Cecy te refte, que
non en vain au front de tes Illuftriffimes (nos
Roys) ont toufiours efté efcrits ces beaux til-
tres de Tres-Chreftiens, & fils aifné de l'Eglife : Qualitez qui à la verité femblent en la fu-
ture defolation te conftituer Azil des efleuz,
pour le fecours defquels les iours d'icelle
doyuent eftre abregez, & auffi pour recom-
pence des trauaux & fideles combats que tes
Sainéts (en perfeuerant) ont de fi long temps
fupporté conre la befte, t'adiuger defia ces
belles promeffes que Dieu a faiétes à vne
partie de fon Eglife, difant, *Pource que tu as
gardé la parole de ma patience, Ie te garderay auffi
de l'heure de la tentation vniuerfelle qui doit venir pour efprouuer les habitans de la terre:* Voicy
ie vien bien toft garder ce que tu as, qu'vn autre ne prenne ta couronne.

Apoc. c. 8.

De vray, ie fçay auoir prié Dieu, & qu'il
m'a exaucé, & donné plus que ne luy deman-
dois : Car de fa grace, ma foy ne fut iamais fi
efloignee de fes voyes, que pour elle feule,
fuft requis tant de clarté qu'il en a mis deuant
moy, qui me fait croire qu'il luy plaira bien
toft difpofer l'occafion, que ie puiffe amia-
blement conferer auec quelques yns des plus
capables que la befte a feduits, à fin que les
chofes tortes & obfcures foyét renduës droi-
étes & fi claires, qu'aucun deformais ne puiffe
fans honte & fans fe declarer ennemy de Dieu
& du falut des hommes, tenir autre voye ny
doétrine que la Catholique Romaine: Grand

cas, en

eas, entre tant de clairs yeux vn erreur mani-
feste auoir si long temps subsisté & côtre tant
de beaux & bon volumes, auoir parlé par tant
de Siecles ceste ignorance, qu'vn petit nombre de mots peut facilement & du tout ap-
paiser: Chrestiens, si ie parle par presumption
ou vaine gloire, Dieu le sçait : mais sçachez,
que nous sommes au Siecle de confusion, auquel la prophetie des enfans n'est point à
mespriser.

Veritablement la science suit les Arts, mais
sapience est és mains de Dieu.

Et afin qu'il ne semble que ie pretende
bastir vn autel par delà le Iourdain, ou faire
quelque Catechisme à part, i'ay fait suyuant
ces paroles comme vn bloc de ma creance.

L'Eglise Catholique est l'vnique maison
de salut, en elle seule se trouue l'eschelle du
Ciel, sa doctrine nette de toutes erreurs, &
hors icelle, n'y a que terre, mort, & enfer, car
en elle seule, l'huyle & le vin pour la iustifica-
tion & viuification des fideles: en elle seule le
vray cult & seruice de Dieu, deuëment exercé, les sacremens salutairement administrez,
la parole de Dieu purement & fidelement
preschée: & en elle seule aussi, l'accomplisse-
ment des promesses par lesquelles les fils des
hommes sont faicts enfans de Dieu, car Is-
maël n'est point le nouueau, parquoy sa part
n'est point en l'heritage.

F I N.